Ciro ayuda

Roque Iñíguez
ilustrado por Luis Fillea

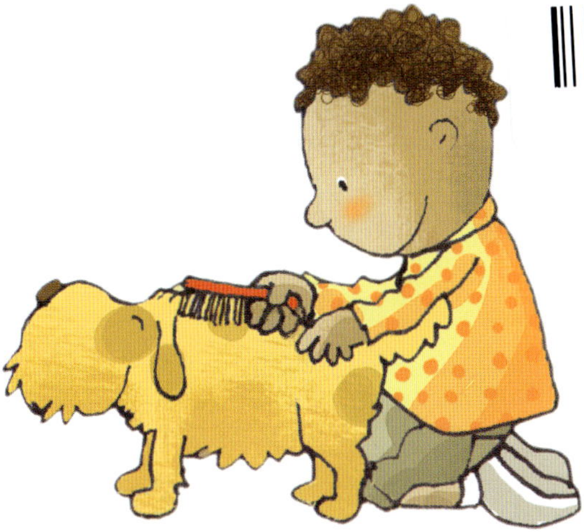

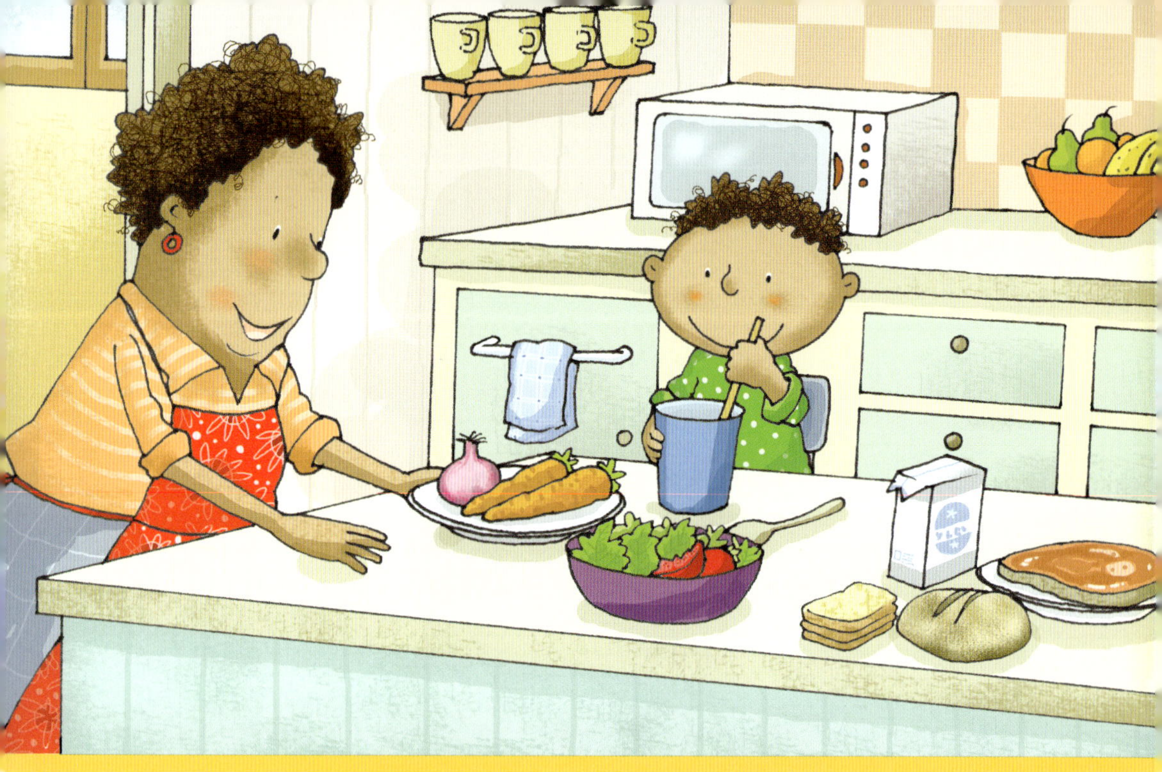

Ciro ayuda con la cena.

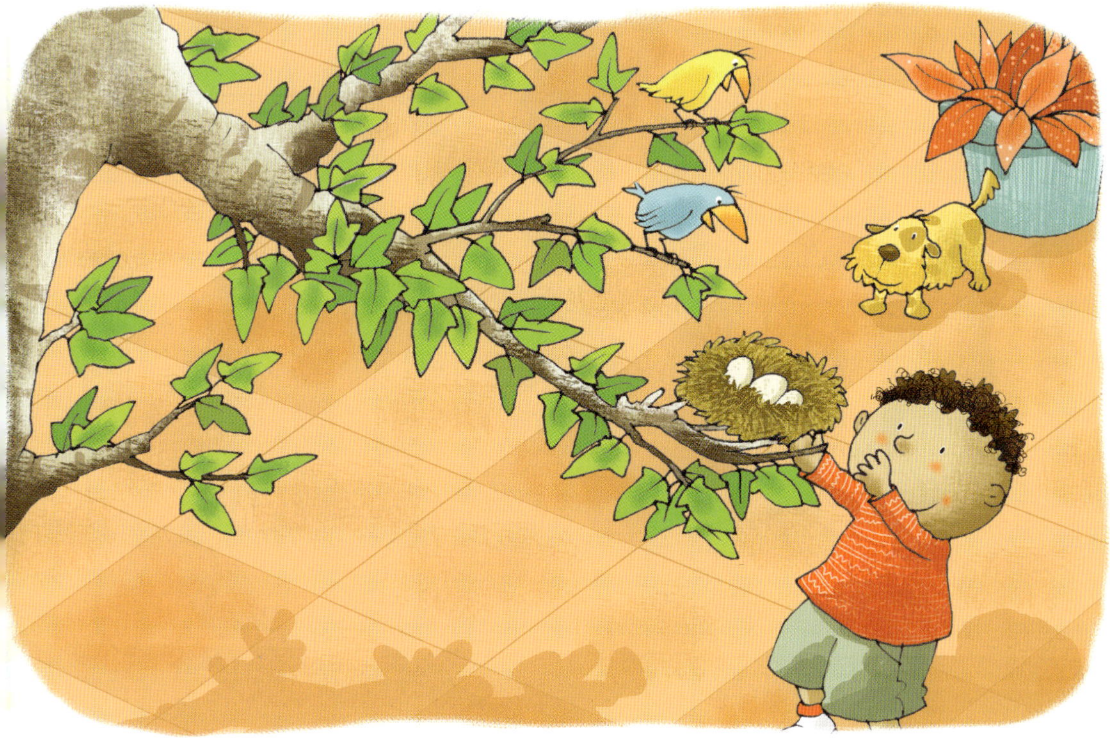

Ciro ayuda y ayuda.

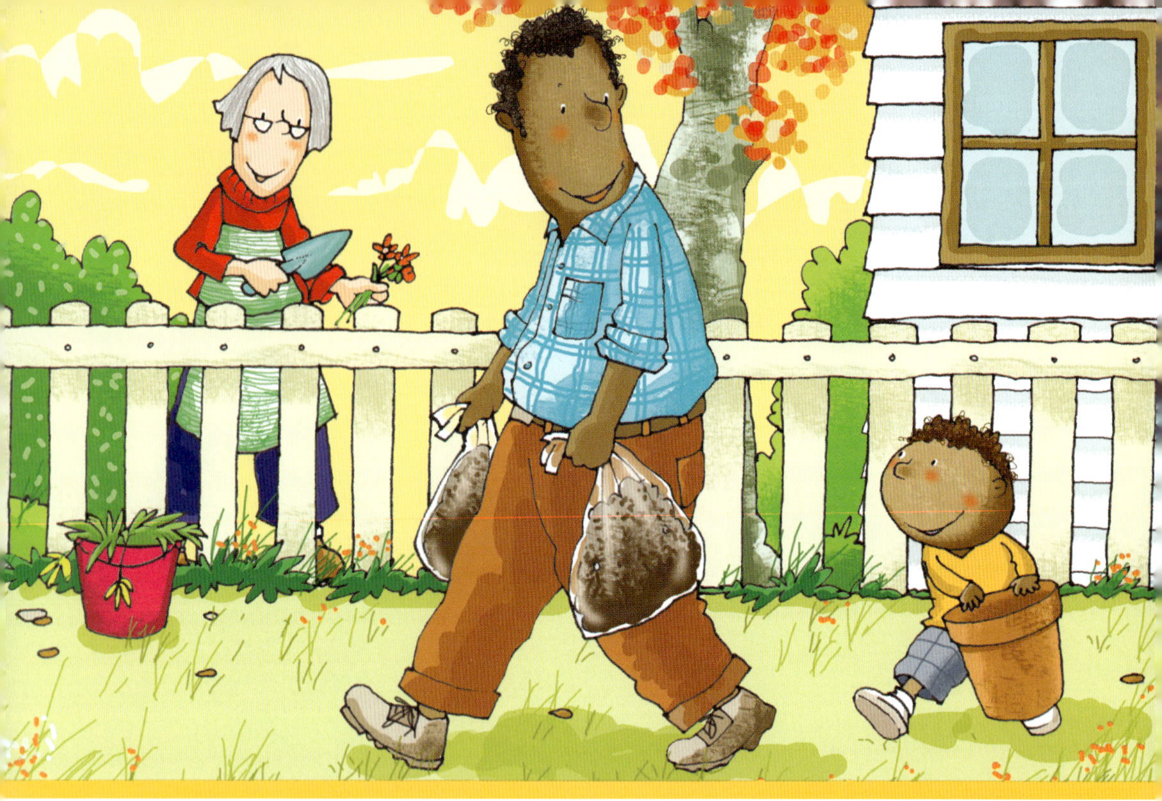

Ciro ayuda con la maceta.

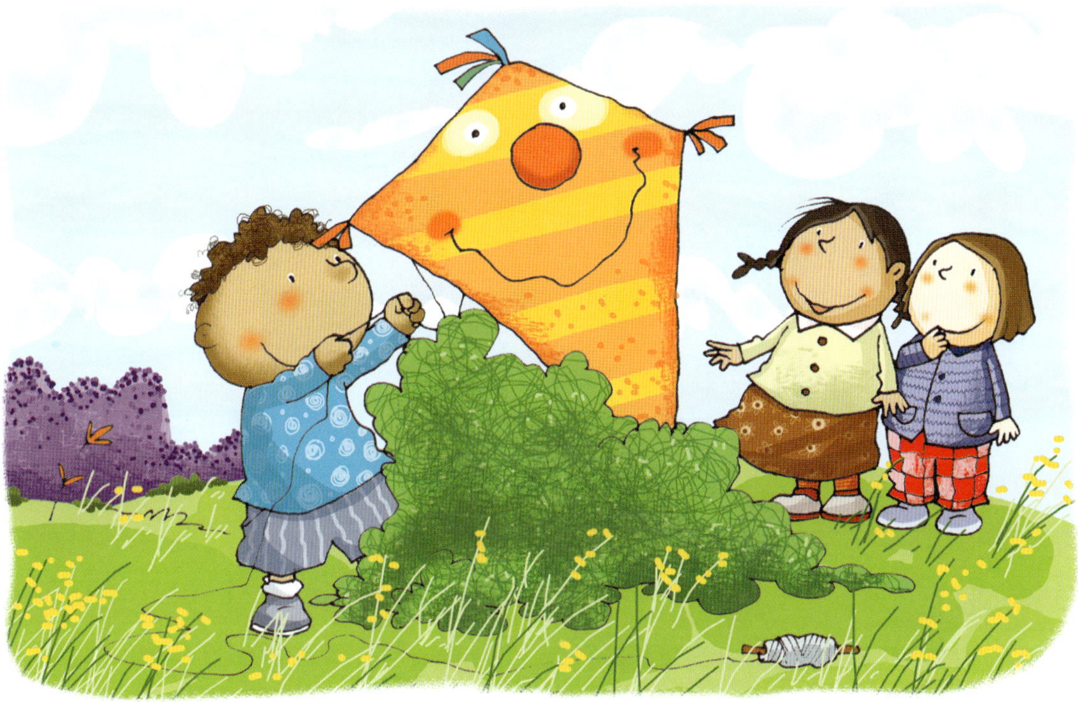

Ciro ayuda y ayuda.

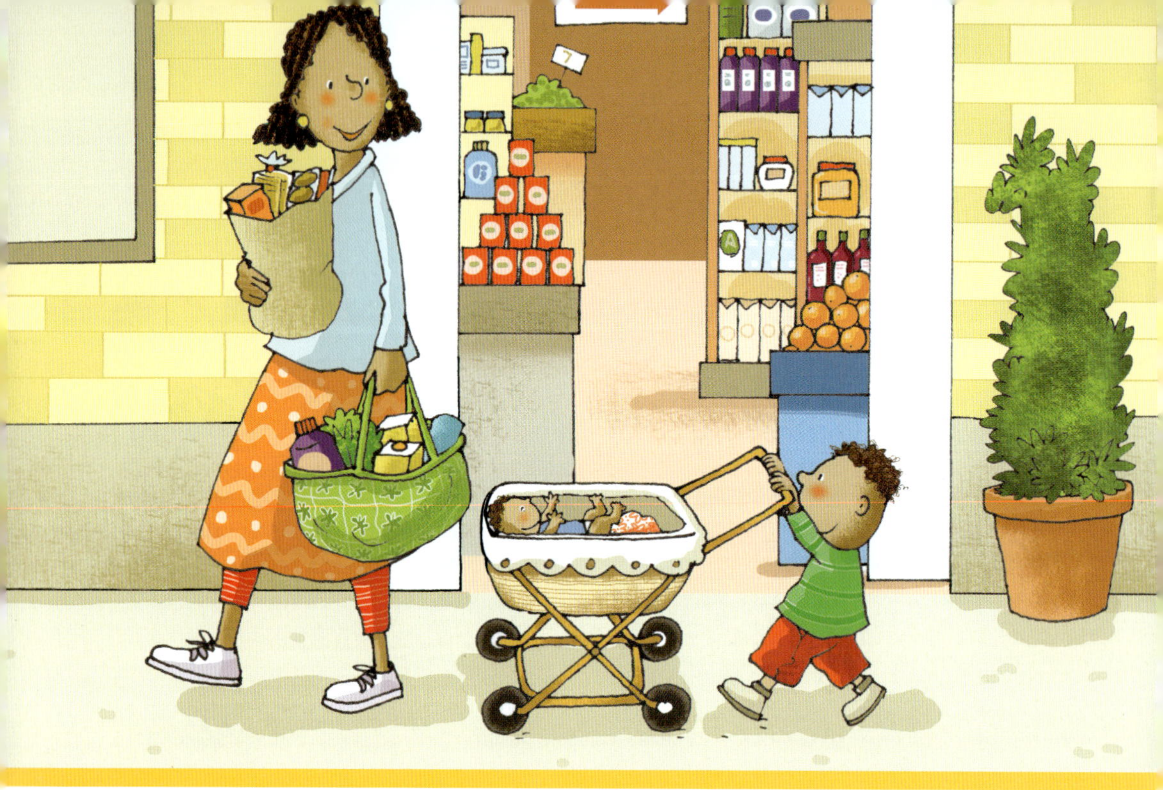

Ciro ayuda con el bebecito.

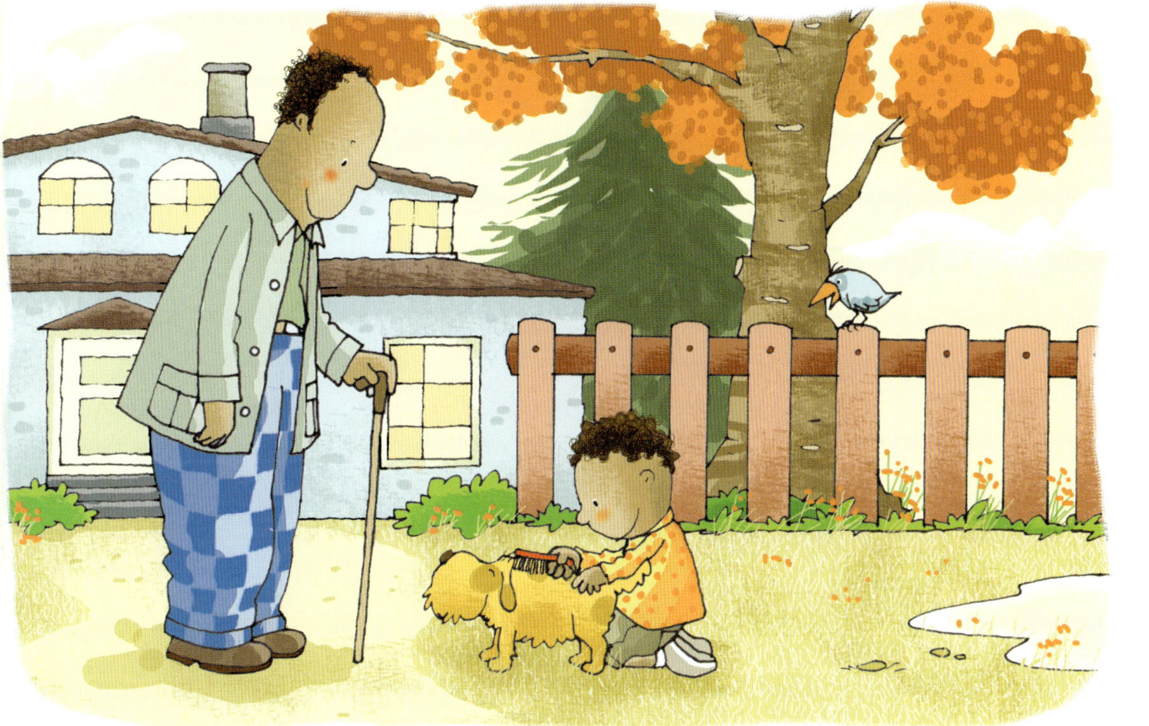

Ciro ayuda y ayuda.

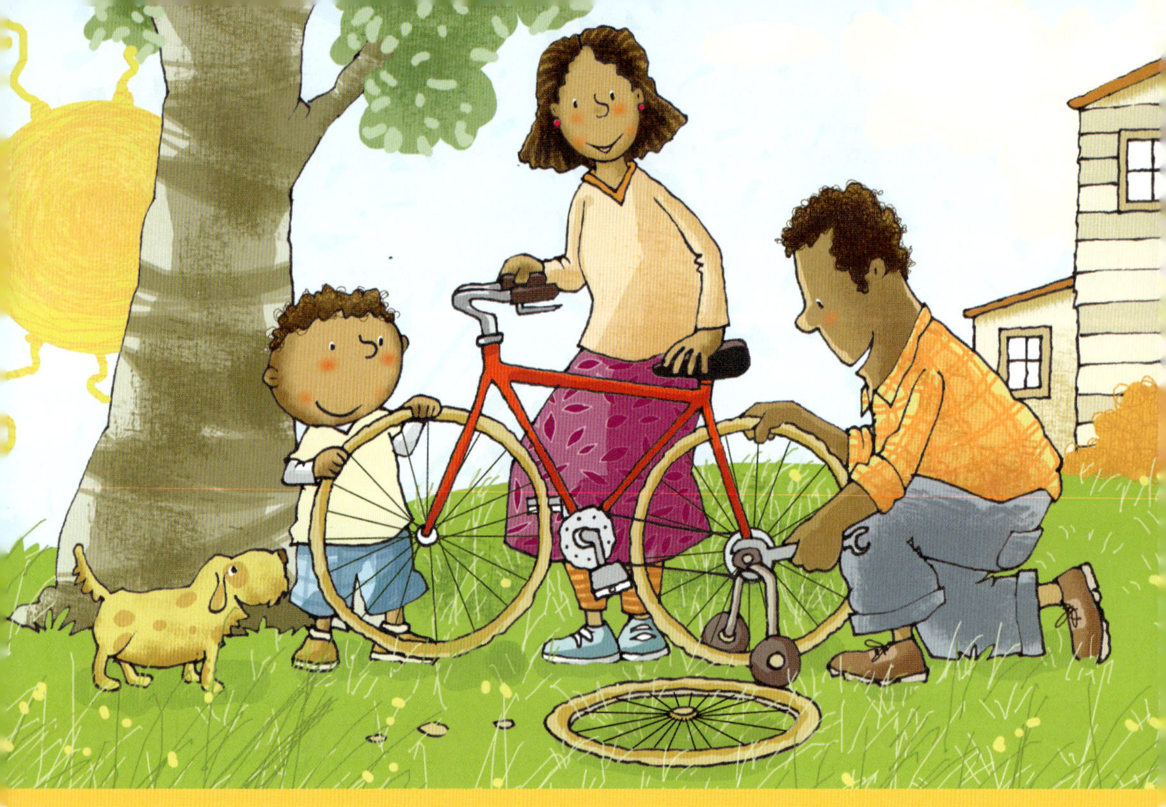

¡Ciro también recibe ayuda!